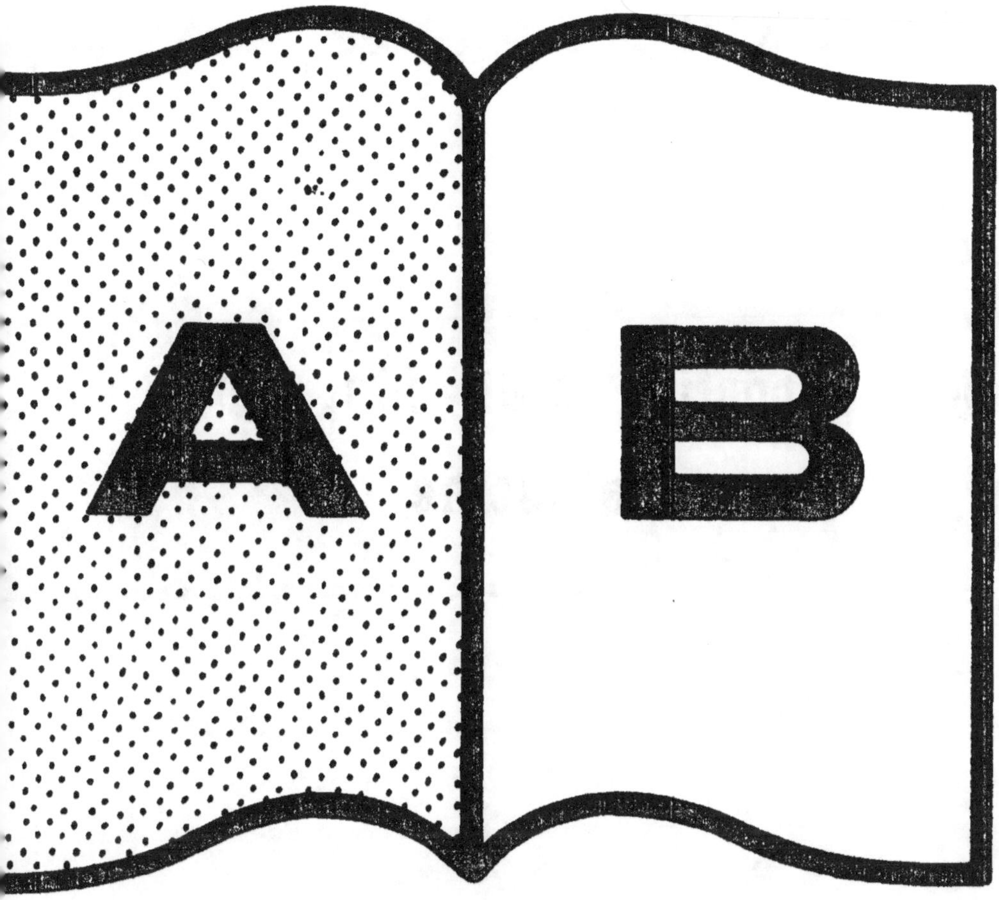

Contraste insuffisant

NF Z 43-120-14

La Fondation d'un État juif
en Palestine

Inventaire

A

15.34

S. SCHIFFER
Docteur ès Lettres

La Fondation d'un État juif en Palestine

1. Projet américain relatif à l'organisation d'un Congrès juif. ————

2. Le Droit du Peuple juif à la Palestine.

3. La France en Syrie et le rôle d'un État juif en Palestine. ————

4. Un Programme d'action préparatoire.

5. Actes diplomatiques : a) Déclaration du Gouvernement anglais relative à l'établissement d'une colonie juive autonome ; b) Un État juif en Palestine et la Russie : Lettre approbative de M. de Plehvé au Dr Herzl. ————

(Carte de la Turquie d'Asie)

JOUVE & Cᴵᴱ, ÉDITEURS
PARIS ... 15, Rue Racine ... PARIS

LA FONDATION D'UN ÉTAT JUIF
EN PALESTINE

Projet américain relatif à l'organisation d'un Congrès juif

La guerre européenne est une mine de leçons pour les peuples. Pi béante, elle a mis à nu le cœur de l'humanité où germent, se précisent, s'imposent les lois de l'Histoire. Le présent y lit et compare pour juger avec plus de certitude et de conviction que ne faisait le passé. L'avenir discernera mieux encore la diversité féconde des enseignements précieux que lui aura légués l'épreuve. Mais c'est avant tout la leçon principale que retiendra le souvenir, à savoir : que les agents des deux principes opposés: du droit aspirant à la force et de la force aspirant au droit, aux prises dès les débuts de l'ordre social, sont aujourd'hui encore par trop distants l'un de l'autre pour qu'on puisse espérer qu'ils se concilient et se confondent de sitôt dans le progrès démocratique.

C'est l'avertissement de cette douloureuse vérité, qui a dû être répandu par une mer de sang sur les champs de bataille, pour s'inculquer même aux esprits les plus optimistes. Ainsi on entend à présent ceux qui se refusaient à admettre la possibilité monstrueuse de la fatalité, qui s'est abattue sur le monde, se demander si la fin de cette guerre mettra fin aux guerres. Les Démocraties reculent l'idéal d'un désarmement complet, afin de hâter l'achèvement de leurs conquêtes morales. Les peuples qui ont des prétentions ethnographiques, et qui ont compris la leçon, guettent aujourd'hui plus que jamais le moment propice pour augmenter leur puissance défensive par la jonction et la consolidation de leurs forces nationales ; tandis que les peuples opprimés et prétendant à l'indépendance, attendent avec angoisse l'arrêt du destin dans une des péripéties les plus sanglantes de la lutte titanique, que l'humanité soutient pour le triomphe final du droit souverain et de la liberté des nations.

Cependant, on pourrait croire qu'il existe un peuple qui, même en face des événements actuels, ne pense pas devoir rectifier sa confiance dans la profession universelle de la justice. Non que le silence de l'arrière, absorbé par le dévouement patriotique, ait pu éveiller le soupçon, que cette immense partie des Juifs qui, longtemps avant la guerre, ne cessait de poser la question juive au point de vue de sa gravité ethnologique et sociologique, ait précisément maintenant abjuré sa conviction, que cette question ne saurait pas plus être résolue par une seule profession universelle de la justice que par une attente de son avènement effectif chez tous les peuples. Mais parce que ce silence vient d'être interrompu par une initiative prise dans l'Amérique du Nord, et tendant à organiser un « Congrès juif », ayant notamment pour but :

1° De présenter à la Conférence de la Paix l'urgence de l'émancipation des Juifs dans les pays où elle n'a pas encore eu lieu ;

2º De délibérer sur les moyens propres à développer la colonisation juive en Palestine.

Rendons hommage à la juiverie transatlantique, qui a si souvent déjà, au cours de l'histoire moderne. traduit par des actes sa solidarité avec les frères qui souffrent pour l'idéal commun. Et quoi de moins étonnant que de la voir soutenue, dans ces tentatives d'affranchissement, par le Gouvernement de la grande République et un pays qui chante :

> *Let music swell the breeze*
> *And ring from all the trees*
> *Sweet freedoms song :*
> *Let mortal tongs awake,*
> *Let all that breathe partake,*
> *Let rocks their silence break,*
> *The sound prolong.*

Mais si elle s'apprête aujourd'hui à se montrer à la hauteur de la tâche historique que lui assigne sa position avantageuse dans les circonstances présentes, elle ne devrait pas commencer par ne pas conformer la pensée *directrice* de son plan d'action au *fond* du problème, qui sollicite son dévouement. Le programme d'intervention qu'elle propose, témoigne, hélas ! d'une telle préoccupation, aboutissant, par conséquent, à considérer comme une *solution* ce qui ne saurait être qu'un *palliatif* à l'effet de tromper la chance du destin, entrevue par l'espérance, après avoir désorienté des bonnes intentions pour assumer la responsabilité de l'action que l'heure exige.

Voyons, voudrions-nous ignorer les leçons de notre propre histoire ?

Au moyen âge, le Juif qui possédait les moyens pour acquérir le privilège de résidence dans un pays, y obtenait des « droits ». Mais de quel dénouement ce marché était-il presque régulièrement suivi?

D'une évolution dont les étapes étaient marquées par des charges de taxes écrasantes, des extorsions interminables, et finalement l'expulsion.

Dans les temps modernes, certains peuples brisèrent les liens qui ligotaient leur esprit de liberté et d'humanité, et de l'affranchissement de leur sensibilité morale, de leur générosité raciale, découla la liberté des Juifs qui vivaient dans leur milieu.

On a vu chez d'autres se produire quelque chose de semblable.

Mais ce n'étaient, évidemment, que des accommodations au courant irrésistible, créé notamment par la Révolution française. Aussi l'émancipation des Juifs dans leurs pays ne fut-elle qu'une concession arrachée de haute lutte à une réaction embarrassée, et non pas le don des droits de l'homme de la part de l'esprit national. On sait combien cette origine ne se dément pas dans la pratique, qui ignore fréquemment l'égalité civique des Juifs. Et la proclamation de cette dernière n'étant pas la manifestation du sentiment *commun* de ces peuples, restera probablement longtemps encore plus ou moins en contradiction avec lui.

Quelle était encore la conséquence de cette antinomie ?

L'apparition de l'antisémitisme moderne avec ses excès bien connus.

Nos pères qui, en *sortant* du ghetto, croyaient aller jouir *partout* des avantages réels qu'impliquait l'attribution des droits civiques, étaient donc au même degré les victimes d'une cruelle illusion, que souvent nos ancêtres, lorsqu'ils espéraient trouver la sécurité et le repos en *entrant* dans ce ghetto.

Le système qui s'offrait à leur esprit de résoudre la question juive, a dû sembler à leur inexpérience tout naturel, mais il était fallacieux.

Car en poursuivant l'obtention de « l'émancipation », il négligeait *l'élément le plus essentiel* du problème, à savoir, si *partout existent les données morales qui garantiraient la confirmation par l'opinion publique, la sanction par l'évolution sociale, des droits acquis de par la loi.* La fatalité des conséquences graves de ce défaut n'avait pas tardé à se faire sentir. Alors retentit le mot d'ordre : Assimilation ! Cependant, les efforts dans cette direction étaient voués au même échec auprès de la grande masse du peuple, que les expérimentations des siècles de politique papale. On émit une doctrine d'après laquelle le peuple juif aurait, contrairement à la vocation historique des autres, la mission phénoménale de disparaître derrière sa religion, de s'immatérialiser en une Confession. Mais l'antisémitisme ne tendait plus à assouvir ses instincts contre les Juifs en tant que Religion. Il se réclamait d'une théorie de race.

Les effets de la guerre seront-ils de nature à adoucir les mœurs féroces qu'entretenait la prospérité de la paix ? Le bouc émissaire traditionnel, échappera-t-il à leur implacabilité, grâce aux efforts de nos fusionnistes ? La guerre économique ne le disputera-t-elle pas plus que jamais au préjugé pour mettre au ban le commerçant, étrangler l'ouvrier, l'artisan et le cultivateur juifs ?

Comment voudrait-on donc préconiser aujourd'hui comme une *solution* un système condamné de telle sorte par l'Histoire ? Ou pense-t-on que les *pogroms* (1) sont légalement organisés ?

1. Émeutes contre les Juifs en Russie.

Or, il vécut, en 1895, à *Paris*, un grand homme, le Dr Théodore Herzl qui, partant de la précision des réalités, ne recula pas devant la conclusion.

Il entendait poser le problème juif non pas par *fragments*, mais dans sa totalité devant l'aréopage des peuples. On devrait cesser, pensait-il, d'entretenir la croyance, que l'octroi des droits civiques aux Juifs implique un règlement définitif de l'avenir du peuple, et que ce dernier n'ambitionne plus que la formalité administrative d'une « émancipation ». « Le peuple du Livre », comme l'appellent les Arabes, émancipé depuis longtemps, a compris que l'efficacité de cette autre « émancipation » a, dans la plupart des cas, pour condition l'esclavage d'une renonciation à sa propre culture, auquel il ne saurait jamais se soumettre. *Il ne lui resterait donc*, concluait Herzl, *une autre issue du dilemme, que de chercher une place à part au soleil, dans l'espoir d'atteindre dans le rang des peuples ce respect de ses droits et cette considération de son honneur national, qui sont indispensables à sa paix sociale*, mais auxquels il aspire si souvent en vain dans leur milieu. Et il n'y a, remarqua-t-il, qu'un seul sentier de retour de l'impasse : celui qui mène en *Palestine*. C'est ici seulement, dans l'ancienne patrie, que *la fondation d'un État juif* pourrait engendrer les conséquences les plus heureuses pour le peuple tout entier.

Herzl ne fut pas le premier pour arriver à cette conclusion. Mais il fut le seul, qui la développa en un projet détaillé, saisissant et tangible, et qui parvint à la mettre en discussion dans les juiveries du monde par le mouvement connu sous le nom de « Sionisme ». Il organisa prodigieusement ce mouvement, dont les créations comme le *Congrès des Sionistes*, la *Banque Coloniale Juive (The*

Jewish Colonial Trust, London), le *Fonds National*, *The Jaffa-Anglo-Palestine Company*, *The Anglo-Levantine Banking*, ainsi que l'œuvre féconde accomplie en Palestine, rendent un témoignage éloquent de la f··· de propagation que l'idée sioniste a acquise parmi les Juifs de tous les pays. L'éminent diplomate et tribun infatigable savait intéresser les chancelleries au projet. Il fut plus d'une fois l'hôte du sultan. Il fut reçu au Vatican. Les résultats de ses audiences étaient de bon augure.

Les zones de l'activité du mouvement s'élargissaient, les succès prometteurs continuaient à être enregistrés, lorsque la guerre éclata, mettant brusquement un arrêt au travail de l'organisation. On se rend, cependant, compte, qu'au point de vue du but sioniste, il pourrait sortir du bien du mal. Il va s'écrire une nouvelle géographie politique d'une partie de la terre, qui comprend le territoire de notre espérance et de notre droit. Nous pourrions peut-être, à cette occasion, y placer aussi notre initiale. Cette occasion ne se représentera pas de sitôt. Car la question orientale qui a amené le conflit européen, va être cette fois liquidée d'une façon qui garantira pour longtemps l'équilibre dans l'Orient antérieur. Mais alors ce serait précisément le moment où l'action devrait, au contraire, évoluer jusqu'à l'essai suprème, où le peuple tout entier devrait s'élancer vers l'effort déterminé par la proximité du salut, que lui révéla la clairvoyance d'un de ses meilleurs fils.

Tout n'est pas engagé dans la tourmente. La Grande Guerre n'a pas dégénéré en un cataclysme d'un *bellum omnium contra omnes*. A la tête des pays qu'elle a épargnés, se trouve la République des États-Unis, dont les gouvernants se sont toujours montrés favorables à l'idée sioniste. Les juiveries y sont florissantes, disposant de tous les moyens pour entrer en action. Elles en réclament l'honneur. Mais alors elles devraient regarder en face le devoir historique, qui se dresse devant elles. Il est aussi formel qu'impérieux. Il ne consiste pas dans la convocation d'un Congrès où l'on disserterait, en seconde ligne, sur la colonisation de la Palestine. Il exige *la prise en main immédiate de l'organisation du travail préparatoire, aboutissant à l'établissement d'une base collective, sur laquelle les mandataires du peuple pourraient, au Congrès de la Paix entamer des pourparlers concernant la fondation d'un État juif dans le pays des ancêtres.* Le programme de cette réalisation de notre Droit des droits *prime*, à l'heure qu'il est, tous ceux, que sans elle nous pourrions poursuivre dans le même cercle vicieux que nos pères.

* * *

Le Droit du Peuple juif à la Palestine

La Palestine n'a jamais cessé d'être *la* patrie juive, étant donné qu'elle est toujours restée *une* patrie juive.

En effet, autant que les relations sur ce pays, depuis notre désastre en 135, sont connues, elles permettent d'affirmer que, parmi ses habitants, il y eut toujours des Juifs. Même à Jérusalem, d'où le paganisme romain, le christianisme byzantin, et le fanatisme mahométan ont expulsé ces derniers à plusieurs reprises, ils n'ont pas tardé à s'établir toujours derechef et en nombre croissant.

Dans la Diaspore, la protestation contre le forfait romain et la revendication de la Palestine revêtirent le caractère d'un principe religieux. La foi messianique lénifia leur impétuosité, mais elle les éternisa dans la liturgie et le rite. Lorsque le peuple de la Loi, déraciné, trempé dans le sang de son martyre, errant à travers les âges, les mondes et les races, précédé du recul du mépris, suivi des malédictions de *l'amour d'autrui*, élevait la voix de la justice, elle n'était pas seulement un cri d'accusation, l'élégie du deuil. Elle exhortait au culte du souvenir, elle formulait l'espoir de la réparation, elle prononçait la prière du retour. C'est dans cette communion pieuse et ininterrompue avec la patrie, que le peuple trouva cette vision du bonheur de l'avenir, qui était la source de sa force de résistance sans égale.

Cependant, il ne se borna pas à ces manifestations passives, qui, d'ailleurs, culminent aujourd'hui encore, à chaque anniversaire de la chute de notre État, en une cérémonie particulière, observée dans les juiveries du monde entier. Le renoncement nostalgique poussait à l'action. Ainsi, nonobstant toutes les mesures oppressives et restrictives prises par les conquérants successifs de la Palestine contre les Juifs, dans lesquels on voyait la revendication immortelle du droit, le *pèlcrinage* au pays des ancêtres devint un usage sacré de l'exil.

Le chemin à la maison n'était-il pas le plus court ? Il était le seul qui accélérait le pas fugitif du Juif, quoiqu'il dût se terminer dans un désert, où il n'y avait pas à espérer de toucher les pierres avec les flots de ses larmes, qui n'avaient pas brisé les cœurs des hommes. Mais ces larmes que le Juif versait sur les ruines du temple, lavaient la poussière de leur antiquité, afin d'y graver toujours de nouveau le droit de son peuple à la Palestine.

Parmi ces pèlerins se trouvent, au moyen âge, après la croisade de 1099 et la fondation de la principauté de Jérusalem par les Francs, deux des figures les plus illustres de notre histoire : le grand patriote et célèbre poète Jehuda Halévy (1140) et maître Maimonide (1165). Et depuis la fameuse expédition des trois cents rabbins français et anglais, conduite par le célèbre rabbin Jehiel de *Paris* (1257), jusqu'à nos jours, des milliers de notre peuple, parmi lesquels nos hommes les plus éminents, ont fait le pèlerinage en Palestine, beaucoup pour y terminer leur vieillesse et y être inhumés (1).

Cette perpétuité de contact concret avec la patrie a dû, à son tour, de très bonne heure, suggérer au peuple l'idée de *cultiver de nouveau ses terres*. Lorsque l'homme d'État juif et duc de Naxos, Joseph Nasi, après y avoir, en 1565, restauré sa propriété, la ville de Tibériade, lança un appel aux Juifs, les invitant à s'établir à cette place et aux environs, et à cultiver le sol, deux communautés italiennes envoyèrent des navires avec des émigrants aux domaines ducaux.

En tout cas aucun autre événement n'a pu stimuler la piété et la liberté relative d'action des Juifs contemporains de prendre une initiative semblable, que la présence de cette affirmation séculaire, harmonieuse, et symbolique du *pays agissant*, réveillant modestement les molécules de la motte choyée à la renaissance.

Le mouvement moderne en faveur de sa colonisation date environ du milieu du XIXᵉ siècle. Il l'a parsemé de colonies juives, grandes et petites, y a ouvert des écoles primaires et secondaires, une école agricole, une école d'arts et métiers, construit un institut technique, ranimé le commerce et donné une impulsion nouvelle à l'industrie.

---

1. Un usage traditionnel et caractéristique, observé aujourd'hui encore par un grand nombre de Juifs de tous les pays, consiste à se procurer de leur vivant de la terre palestinienne, destinée à être mise dans leur cercueil à leur mort.

Le Sionisme a inauguré une ère brillante d'action méthodique et appropriée en Palestine, et dont le mérite non le moins marquant est la préparation de toute une jeunesse enthousiaste pour la tâche de l'avenir.

Donc si le destin qui prononça en 70 était l'anéantissement de l'État pour sauver la nation, et la régénération et la rédemption de la nation par l'idée et pour l'idée de l'État, les péripéties principales de sa réalisation se sont produites sur le sol de la patrie même.

Ce dernier procès commença avec ce suprême et héroïque soulèvement (132-135) sous Barcochébas, auquel la Diaspore n'était pas restée étrangère. Après la tentative sanglante d'extermination par le vainqueur, le cœur de la nation demeura indissolublement attaché à la patrie, défiant la flèche mortelle de la Diaspore. Des épaves du peuple dispersé, emportées par les tempêtes des siècles, venaient perpétuellement s'y échouer, rappelant aux conquérants que l'exil se considère comme passager, et que le courage de sa lutte gigantesque et chaotique s'oriente à la pensée d'une résurrection. A présent, enfin, des milliers de colons juifs y défrichent le sol qui renferme le témoignage du droit et reçoit le grain de l'espérance.

Remonter à l'antiquité, réclamer aujourd'hui ce droit historique, est d'autant mieux fondé et logique, que les Juifs subissent actuellement encore, ici et là, des législations qui, à l'instar de l'Empire romain, les traitent et stigmatisent de *peregrini* et d'indignes du *jus honorum*. D'autre part, l'intervalle de protestations permanentes contre le dépouillement de notre pays et d'espoirs de le reprendre dans un avenir de justice, a conservé, avec la force, la validité de ce droit. Quelque éloigné que soit l'avènement de cette époque de justice et de paix universelles, que le génie d'Isaïe entrevit il y a vingt-six siècles, pour en tracer un tableau à l'ambition du peuple, il est certain qu'il s'annonce aujourd'hui. Car c'est sa voix qui, entre autres, proclame le principe des nationalités, dont la réalisation est un des postulats fondamentaux d'une paix universelle et du triomphe final de la justice sociale. Notre droit se confond avec ce principe. Aucune race en Syrie et en Palestine, en particulier, ne saurait invoquer ce principe en sa faveur et contre les Juifs. Une *nation syrienne* n'a jamais existé, « Syria » n'étant, par tous les temps, qu'un terme purement géographique, tandis que des Juifs, Arabes, Arméniens, Druses et Maronites qui peuplent ces pays, *les premiers occupent seuls en Palestine leur vraie patrie d'origine.*

* * *

La France en Syrie et le rôle d'un État juif en Palestine

Cependant, contre l'admission d'une reconnaissance du droit aborigène des Juifs à la Palestine, semblent se dresser des problèmes, devant lesquels on serait d'autant plus tenté de reculer qu'ils se présentent à double tranchant, diplomatique et religieux.

Ce sont, avant tout, les titres héréditaires de droit, que la France aurait à faire prévaloir en Syrie, dans le cas où le *statu quo* y subirait un changement quelconque. Ce droit, ratifié par l'opinion étrangère, est en plus affirmé actuellement par le blocus du littoral syrien.

Ce sont ensuite les Lieux-Saints que se dispute le souvenir dévot de toute la chrétienté schismatique, et dont la remise aux Juifs apparaît comme une question particulièrement épineuse.

Mais, en réalité, l'acuité de ces problèmes n'est pas sans comporter une solution.

Cette solution serait *l'établissement de l'État juif en Palestine sous l'égide de la France.*

Elle ne semble pas recéler un élément essentiel quelconque, pouvant prêter à une opposition ou une réserve de la part d'une des autres Puissances.

Les documents reproduits plus loin, *prouvent qu'en 1903 le Gouvernement russe adhérait au projet sioniste, et que le Gouvernement anglais n'avait rien à y objecter* (1). D'autre part, la solution se recommande avantageusement, qu'il s'agisse, après la guerre, seulement de perpétuer la suprématie de l'influence française en Syrie — dont les origines remontent à cette mémorable mission, que Charlemagne, en 802, délégua d'Aix-la-Chapelle à Haroun-al-Raschid, et dont faisait partie un Juif du nom d'Isaac — ou que le lot de la France soit l'occupation de ce pays.

La Palestine, située au milieu de trois continents, rendue à l'activité d'un peuple cultivé, sobre, chercheur, ambitieux, travailleur, dont le génie moral a trouvé sa confirmation universelle à travers le christianisme et l'islamisme, et dont les capacités spirituelles se sont distinguées au cours des siècles dans tous les domaines de l'effort humain, ne tarderait pas à ressusciter à son ancienne prospérité, au plus grand profit de l'initiative française. Le capital français qui y est engagé dans des entreprises maritimes et de voies ferrées ne saurait que profiter de la fondation d'un État industriel, agricole et commercial dans ce pays.

Reprenant son rôle du moyen âge d'intermédiaire entre le monde chrétien et musulman, le Juif pourrait rendre

1. Cf. pp. 29-32.

des services précieux à la grande Puissance chrétienne et musulmane, en Asie aussi bien que dans l'œuvre africaine. Occidental, il se ferait le champion de la civilisation moderne en Syrie, en Anatolie, dans les pays arrosés par l'Euphrate et le Tigre, l'Arabie, aux confins de l'Égypte. Oriental, son intuition saurait y discerner les particularités psychiques, ainsi que les besoins matériels des populations, dégager et coordonner les bonnes volontés, féconder l'esprit d'entreprise, activer le zèle dans l'intérêt du progrès commun.

Le sol labouré avec l'amour appliqué de ses fils retrouvés, les comblerait de faveurs, dont l'apathie du contact étranger ne fut jamais gratifiée. Mais les bienfaits de la patrie, le peuple ne saurait les apprécier, sans les transformer en un tribut de gratitude éternelle pour la grande et noble Nation, dont le culte le plus sacré est celui de la liberté nationale, et dont l'idéal le plus élevé est la souveraineté de la justice, et qui aurait réparé un des crimes les plus troublants dans les tragédies de l'Histoire, en mettant un terme au calvaire du Juif-Errant.

Les négociations et transactions financières et économiques, par lesquelles la cession de la Palestine aux Juifs s'effectuerait, pourraient avoir pour base la Dette ottomane.

Leurs stipulations tiendraient compte de la haute probabilité d'un développement favorable et rapide de l'État, étant donné que les Juifs de tous les pays y prendraient un intérêt éminent.

Car hâtons-nous de répéter ici, *que le projet sioniste ne signifie pas*, comme la calomnie l'a souvent fait croire, *un appel à tous les Juifs à renier leurs patries respectives et à s'acheminer vers la Palestine*. Ce serait, outre toute autre considération, une idée absurde, parce que ce pays, d'une superficie d'environ 25.000 kilomètres carrés, et peuplé actuellement par un peu plus de 600.000 habitants, ne saurait recevoir une population dépassant 11 millions. Il ne le saurait même, si l'on rétablissait ses frontières avancées de certaines périodes de son passé politique. Et quant à l'avenir que la marche de l'Histoire pourrait réserver à l'État, il n'est pas probable, vu la natalité de notre race, que d'importantes immigrations ultérieures y deviendraient plus tard désirables. *Le projet ne prévoit que l'immigration de ceux qui veulent renoncer à souffrir dans leurs pays moralement ou économiquement, à cause de leur nationalité juive.* Il vise tout particulièrement ces sans-patrie malgré eux, qui n'ont rien à attendre de leur sol natal que l'espoir d'un moindre mal. Ce sont ceux dont l'individualité s'est consolidée dans le garrottage des misères solitaires de l'anathème social, qui portent pour la plupart cette empreinte de résolution, de résistance, de persévérance, de réflexion continue et de foi inébranlable dans la réussite du travail personnel, qui révèle le meilleur colon et qui dénote le futur *self made man*, qui seraient appelés à fournir le noyau des émigrants. Quant aux autres, le devoir les somme de se tailler la part de lion dans l'organisation du travail préparatoire, notamment, dans la provision des fonds. Ils auraient, plus tard, à collaborer par tous les moyens au développement de l'État, notamment, par l'écoulement et les échanges de ses produits. En récompense, ils ne connaîtraient plus le cauchemar de l'épouvante de l'Est, qui les fait perpétuellement tirer les cordons de leurs bourses, pour prodiguer des millions en des secours interminables et illusoires. Leur situation parmi les peuples recevrait l'appui moral et matériel de l'État.

Cependant, l'œuvre de la justice compromettrait sa solidité et sa tendance de paix, si la réintégration du peuple juif dans ses droits devait se produire sous le regard équivoque de scrupules ecclésiastiques.

Il faudrait donc que l'accord des *Églises* s'opère simultanément et conformément à l'entente de la *Diplomatie*, et il devrait s'opérer, puisque l'autorité de la loi de réparation le commande. De sorte que si la Diplomatie décide de symboliser le triomphe d'une nouvelle ère de justice sur la barbarie de l'antiquité, en relevant le droit foulé par l'impérialisme romain vers la lumière, la chrétienté du xx° siècle n'hésite pas à jeter le linceul de l'oubli sur l'aberration d'un passé de damnation et de flétrissure, en secondant ses dirigeants politiques dans leur geste de libération. C'est alors seulement qu'elle aura offert la paix à l'âme du doyen des peuples martyrs, que pourrait retentir sur le mont des Oliviers l'hymne du salut à l'aurore du règne de cet amour fraternel, dans lequel le Nazaréen enveloppait toute l'humanité.

En accordant, d'ailleurs, sa confiance au héraut millénaire de la tolérance, elle n'exposerait point la quiétude de sa conscience. Car la fondation de l'État juif au milieu des pays musulmans, ne saurait revêtir un caractère confessionnel. C'est un État laïque et non pas la forme quelconque d'une théocratie qui s'épanouirait en Palestine. Sa législation, imprégnée d'un esprit de conciliation, y préviendrait tout conflit de croyances, veillant sur leur respect mutuel, et les unissant toutes dans l'intérêt de chacune. Ni le christianisme, ni l'islamisme n'auraient à subir du fait de l'établissement d'un État juif en Palestine, le préjudice d'une restriction ou d'une dépossession quelconque, tandis qu'ils bénéficieraient du travail de civilisation et de progrès que le jeune élan d'un peuple régénéré y aurait introduit et réparti.

Le pèlerin chrétien aussi bien que le hadji de La Mecque apprécieraient l'aisance et le confort dans l'État moderne, où les accueillerait la sollicitude de cette hospitalité, qui est une des vertus les plus caractéristiques de notre race.

* *

Un Programme d'Action préparatoire

Ainsi donc la volonté pour l'action s'affermit aux raisons de l'espérance dans la même mesure qu'elles aplanissent les obstacles. Mais pour surmonter ces derniers pratiquement et jusqu'au bout, il faudrait que cette volonté élève la nation toute entière à l'*Union*, qui est la clef du succès, à la hardiesse du droit, qui marque les grands actes de l'Histoire, à l'effort suprême du travail, au sacrifice du bien et de l'âme, que dicte la vocation, l'appel catégorique du seul but reconnu.

La pensée sioniste a déjà abouti à des résultats heureux dans cette direction. En effet, dès le moment où l'idéal du rétablissement de l'État juif fut retiré du domaine du rêve et formulé en un programme de réalisation, il s'est révélé comme une force d'unification du peuple. Car si le message de Sion avait trouvé un écho vibrant dans le cœur de nombreux coreligionnaires, il était beaucoup plus encore le signal du rassemblement pour ceux dont les convictions avaient déserté le rationalisme théologique de même que les prévenances avancées de la Réforme.

Certes, l'initiative était trop directe, trop bouleversante, pour ne pas se heurter rudement à l'opposition des solutions vers lesquelles tendaient les conceptions courantes du problème juif. Les perspectives qu'elle ouvrait paraissaient par trop vagues, estompées et lointaines, pour ne pas rencontrer souvent le mépris de l'utopie. La malice sinueuse de la calomnie, la réaction sourde de l'ignorance n'ont pas épargné ce mouvement libérateur non plus ; tandis que dans son sein même, les incursions prétentieuses de l'ineptie sur le terrain de la responsabilité, ont souvent discrédité et entravé le jeune effort vers l'union pour un nouvel avenir. Au demeurant, il en était ici comme à l'éclosion de toute ancienne vérité, dont l'essor doit affronter la résistance diversifiée et multicolore des sociétés inféodées aux systèmes adverses de la tradition.

Mais, néanmoins, le courant qui s'était dégagé de la rapidité prodigieuse de l'extension du mouvement avait, du premier coup, secoué la conscience de toutes les couches du peuple. Le Congrès des Sionistes, réunissant des délégués de toutes les parties du globe, n'avait pas tardé à recevoir son baptême politique en 1902-1903, lorsque le Gouvernement anglais accueillit avec sympathie et confiance un projet concernant la colonisation du oued el-Arich (presqu'île de Sinaï), et lui proposa ensuite la fondation d'un foyer juif en Ouganda (Afrique Orientale (1). Et alors, qu'en principe, son mot d'ordre avait été reconnu comme étant le bon, par un grand peuple, affectionné pour son amour de la liberté et admiré pour son génie pratique, son *common sense,* comment l'opposition n'aurait-elle pas dû être intimement troublée et ébranlée, comment l'opinion du peuple n'aurait-elle pas dû converger davantage vers le but de sa raison d'être ? Enfin, l'activité agricole, industrielle et scolaire déployée en Palestine par l'organisation sioniste, avait émerveillé les uns, imposé le silence de

1. Cf. p. 29 et suiv.

l'attente aux autres, et fixé le regard de toutes les classes et de tous les partis de notre société sur la grandeur du sacrifice pour un principe moral, qui prenait maintenant de plus en plus la forme d'une réalité économique, et qui n'a jamais fait en vain appel à l'esprit généreux et à l'énergie héroïque d'un peuple.

Il n'y aurait donc, en admettant que le sort va nous permettre de reprendre le fil de notre histoire politique, qu'à tirer à présent profit de la disposition éclairée du peuple, au lieu de l'égarer par des compromis boiteux de vue courte et d'étroitesse d'esprit. Il n'y aurait qu'à galvaniser ses énergies, mobiliser, organiser et utiliser toutes ses ressources dans l'intérêt de la seule cause suprême et sacrée.

La tâche est vaste. Elle ne peut, certes, pas invoquer en sa faveur l'argument du moindre effort. Au contraire, demain elle serait énorme, exigeant pour la période de l'occupation du pays, comme *conditio sine qua non*, le don de tous les rayonnements de l'âme nationale, l'holocauste individuel, l'abnégation collective. Aujourd'hui elle s'adresse avant tout aux juiveries des pays neutres où elle veut voir tout le monde à l'œuvre préparatoire, hommes et femmes, artisans, diplomates, financiers, littérateurs, ouvriers, artistes, commerçants, savants. Et c'est dans le déploiement commun du zèle, du courage et du génie, qu'elle ferait le choix des hommes que la détresse des peuples a toujours mis au premier plan à un tournant de leur histoire.

* * *

Les grands traits de ce travail préparatoire se présentent ainsi :

Dans les villes principales de chaque pays siègent trois

commissions, élues par la Fédération sioniste respective, et remaniées éventuellement après l'obtention de nouvelles adhésions, à savoir : *une Commission d'Organisation, une Commission Financière, une Commission Économique.*

La Commission d'Organisation s'occupe de la propagande par une campagne prompte et vigoureuse dans les communautés, au moyen de conférences, de la presse, de pamphlets, de feuilles volantes. Elle prend comme objectif particulier la conquête de communautés entières, qui déclareront officiellement leur adhésion au projet de la fondation d'un État juif en Palestine. Elle recrute *des volontaires*, en vue de la formation d'un *Corps d'Occupation*, le cas échéant. Les différentes sections de ces volontaires s'initient, sous la direction d'hommes compétents et du métier, autant que possible aux fonctions diverses qui relèvent du *pouvoir exécutif* d'un État.

Ce sont éventuellement les communautés qui couvrent les frais de l'instruction de leurs ressortissants.

La Commission Financière fait une enquête sur la capacité financière de la juiverie régionale. Elle établit le nombre des différentes institutions de cette dernière et examine leurs règlements sur la question de savoir s'ils permettraient un versement à la Banque Coloniale Juive. Elle évalue le maximum de la quote-part de la *Contribution* qui pourrait être imposée à ladite juiverie.

La Commission Économique se familiarise avec les problèmes économiques en *Palestine.*

Un examen approfondi dans ce domaine, dans le but d'en répandre la connaissance parmi le peuple, est d'une importance fondamentale. Car il s'agirait plus tard de décider, si le système agricole actuel devrait continuer à servir de base principale de la colonisation, ou reculer plutôt au second plan, faisant place à l'industrie, aux arts et métiers. En vue de cette éventualité, il faudra dresser une liste de ces industries, arts et métiers, dont les genres conviendraient le mieux pour les conditions du pays.

Ouvrons ici une parenthèse pour quelques observations relatives à ces questions capitales.

Théoriquement l'option pour une prédominance du système industriel en Palestine se recommande de la probabilité, qu'après la guerre le mouvement de la politique industrielle, notamment de celle de la France et de l'Angleterre, sera plus intense que jamais. En entrant d'emblée dans le courant de cette évolution, notre pays aurait la chance d'y puiser des moyens puissants pour la rapidité de son développement.

D'autre part, il est certain que les lenteurs agraires, ainsi que les limites des terres amendables dans ce pays, altéré et resté en partie en friche depuis des siècles, serviraient mal sa pénétration par l'élément juif. Les risques auxquels l'œuvre agricole y est exposée sont connus. Ils ne sont pas de nature à encourager le débutant.

Par contre, l'établissement d'une usine ou d'un atelier n'exige pas beaucoup de temps. Les matières brutes peuvent arriver en Palestine par voie de mer et le pourront plus tard aussi bien par voie de terre. Au fur et à mesure que les installations de ces établissements se succéderaient, le *Bureau d'émigration* fournirait au *Bureau de placement* la main-d'œuvre et les fonctionnaires nécessaires.

Nombreuses sont les industries manufacturières qui pourraient être introduites ou développées en Palestine. On ne devrait, cependant, pas commencer par celles de luxe, mais celles de première nécessité. Donc, sans y causer un préjudice par exemple à l'industrie du tapis, susceptible d'extension, ou au tissage de la soie, dont les produits sont exportés à *Marseille* et à *Lyon*, et qui alimentait probablement, au premier siècle de notre ère, les stocks de ces commerçants de soie juifs à Édesse (Mésopotamie), que mentionne une source syriaque, on songerait à la lainerie et à toutes les autres branches de l'*industrie textile*, ainsi qu'aux usines diverses : verrerie, sucrerie, papeterie, savonnerie, meunerie (moderne), tuilerie, fabrication de meubles, etc.

A l'exploitation des riches gisements minéraux en Palestine (et en Syrie), se rattacheraient des industries métallurgiques et chimiques, tandis que les célèbres sources thermales du lac de Tibériade pourraient être mises au service non seulement de la thérapeutique, mais aussi de la vigueur productrice.

La priorité de l'industrie serait, d'ailleurs, tout à l'avantage de l'agriculture. Car elle pourrait livrer à cette dernière ainsi qu'au vignoble et à l'horticulture, les moyens modernes pour l'amélioration du sol. Elle favoriserait la canalisation, facilitant ainsi l'irrigation. Elle saurait peut-être établir des mesures prophylactiques contre le danger du fléau des sauterelles. Enfin, sa prévoyance tiendrait toujours à la disposition de la population rurale un travail rémunérateur pour les cas des dures épreuves causées par des vicissitudes climatériques comme une sécheresse ou un orage.

Certes, elle aurait à lutter pendant une période contre les difficultés du transport. Mais cette crise ne serait que de courte durée. La construction de la grande ligne française : port d'Alexandrette-Lydda, avec son prolongement au sud : Lydda-Le Caire, et dont la section : Alep-Rayak est déjà en exploitation, changera la situation. Par son termi-

nus dans un port du plus grand avenir, sa jonction avec
le chemin de fer de Bagdad au nord, la ligne du Hedjaz
au sud, elle mettra la Palestine en communication avec les
marchés étrangers, tandis qu'un réseau de ses embranche-
ments assurera le service de ceux qui sont à l'intérieur.
Alors les ports de Caïffa et de Jaffa auront, eux aussi, con-
sidérablement augmenté la capacité de leur trafic.

*Ce seraient les communautés qui se partageraient la
fondation des divers ateliers et usines.* Elles feraient leur
choix sur la proposition de la Commission Économique.
Après l'écoulement d'une certaine période de production, le
*droit de propriété de chacun des ces établissements passe-
rait au syndicat des ouvriers et des fonctionnaires qui y
seraient occupés.*

Une *Convention électorale*, convoquée par la Fédération
sioniste de chaque pays, réunira les délégués des communautés, qui entendront les rapporteurs des trois commissions et voteront les résolutions. *Ils éliront parmi eux les
délégués pour un Congrès Universel Juif* que le *Comité
d'Action* sioniste se chargera d'organiser en même temps
et au même endroit que siégera le *Congrès de la Paix*.

Les comptes rendus de ces séances seront imprimés à
titre de documents officiels.

Le *Congrès Universel Juif* prendra acte du bilan des
résultats obtenus par l'action préparatoire. Expression nette
des aspirations du peuple, il s'appuiera en même temps sur
la somme des sacrifices immédiats, ainsi que sur les garan-
ties pour l'avenir que son mandant aura consentis pour son
salut. Investi de pleins pouvoirs, le Congrès délibérera sur
les démarches à entreprendre, en vue d'obtenir l'acquisi-
tion de la Palestine pour y fonder un État autonome juif.

Il agira en même temps dans l'intérêt de l'urgence d'une

amélioration des conditions légales sous lesquelles les Juifs souffrent dans certains pays.

.

Le travail préparatoire engrené se multiplierait jusqu'aux nécessités, jusqu'aux utilités les plus variées par l'effort entraînant du peuple.

Combien exiguë apparaît la rançon que nous demande notre avenir, en comparaison de celle qu'offre la résolution unanime et spontanée de tout peuple se voyant en face d'une calamité nationale ! La dépense de toutes nos énergies, la tension de toute notre volonté, les renoncements de toute notre abnégation, n'atteindraient pas de loin une analogie avec les exploits évoqués dans l'épopée de nos ancêtres, qui abreuvent de leur sang le sol de la patrie lorsqu'il s'agit d'acquérir de nouveau la liberté et de sauver le reste du peuple de l'esclavage. L'offrande de notre raison et de notre honneur serait encore moins comparable à ces héroïques sacrifices, avec lesquels nous voyons des peuples illustres sauvegarder leur droit et leur dignité nationale, et que nous, en tant que Juifs, devons saluer tout particulièrement par un souvenir ému de reconnaissance. Car si c'est dans le pli du drapeau des Droits de l'Homme, brandi au-dessus de la conscience morale de l'univers, que notre angoisse de l'exil trouva le premier répit du refuge, ce fut plus tard encore sur le sol de sa patrie que devait mûrir la pensée de notre résurrection et de notre affranchissement final, à laquelle s'est associée la grande Nation d'outre-Manche par un large geste d'encouragement.

Cependant, le but magnifie les moyens. Quelque modestes que fussent les nôtres, leur mise en valeur nous placerait sur la hauteur du même idéal pour lequel mouraient nos pères et qui inspire l'héroïsme de ces peuples.

Si nous montions, les sympathies qu'a ralliées l'idée nous y suivraient pour nous prêter leur concours.

* * *

Actes diplomatiques (1)

Déclaration du Gouvernement anglais
relative à l'établissement d'une colonie juive autonome.

Ministère des Affaires Étrangères   *Le 17 août 1903*

Sir Clement Hill, chef du Département colonial,
à M. L. J. Greenberg

Sir,

M. Chamberlain a communiqué au marquis de Lansdowne la lettre que vous lui avez adressée le 13 du mois dernier, contenant le projet d'un traité proposé par le D' Herzl, *pour être conclu entre le Gouvernement de sa Majesté et la Banque Coloniale Juive Limited*, dans le but de l'établissement d'une colonie juive dans l'Afrique Orientale.

Son Excellence avait également pris en considération les remarques faites par vous le 6 de ce mois, dans ce ministère, à l'occasion de votre entrevue avec Sir E. Barrington et M. Hurst. *Je suis actuellement chargé par Son Excellence de dire qu'il a étudié la question avec l'intérêt que le Gouvernement de Sa Majesté doit toujours prendre à tout projet sérieux pour l'amélioration de la situation de la race juive.* Le temps à sa disposition a été trop court, pour lui permettre d'entrer pleinement dans les détails du plan,

1. Cf. Compte rendu du VIe Congrès sioniste. Édition de *l'Écho sioniste.* Paris, 1903, p. 25 et suiv.

ou de discuter avec le Représentant de Sa Majesté pour le Protectorat de l'Afrique Orientale, et il regrette d'être, par conséquent, incapable de prononcer une opinion définitive sur la question.

Il est d'avis que la Banque Coloniale Juive envoie quelques hommes dans le Protectorat Oriental, à l'effet de s'assurer personnellement s'il y existe des terrains libres, qui puissent convenir pour le projet en question. Si cela est, il sera heureux de leur donner toute facilité de discuter avec le Représentant de Sa Majesté pour le Protectorat la possibilité d'aborder la question des conditions d'une colonisation, qu'aurait à déterminer le prochain Congrès sioniste.

Si une étendue de territoire peut être trouvée, que la Banque Coloniale Juive et le Représentant de Sa Majesté pourraient considérer comme convenable, et qui se recommanderait au Gouvernement de Sa Majesté. Lord Lansdowne sera disposé à accepter favorablement des propositions pour la fondation d'une colonie, ou d'un établissement juif, à des conditions qui permettraient aux membres de conserver leurs coutumes nationales. Dans ce but, il serait disposé à discuter — si une étendue de terrain propre est trouvée et soumise à l'appréciation des conseillers du Secrétaire d'État dans l'Afrique Orientale — les détails d'un plan, dont les traits principaux seront : la concession d'une étendue considérable de territoire, la nomination d'un fonctionnaire juif comme chef de l'administration locale, et la permission à la colonie de conserver toute liberté concernant la législation municipale et les affaires d'administration religieuse et purement intérieures. Une telle autonomie locale serait accordée à la condition que le Gouvernement de Sa Majesté ait le droit d'exercer un contrôle général.

Il est inutile de considérer, pour le moment, le détail des termes de la convention auxquels le pays serait accordé, si c'est sous la forme d'une vente ou d'un bail ; mais Son Excellence déclare qu'aucune partie des dépenses, faites pour la colonisation, ne devrait tomber à la charge du Gouvernement de Sa Majesté, et que ce dernier se réserverait la faculté de reprendre le pays, si l'établissement n'avait pas fait preuve de succès.

Je suis, Sir, votre très humble et dévoué serviteur

(Signé) : Clement Hill

Un État juif en Palestine et la Russie :

Lettre approbative de M. de Plehvé au Dr Herzl.

Ministère de l'Intérieur

Monsieur,

Vous avez exprimé le désir de conserver des traces de notre entretien. J'accède volontiers à ce désir, afin d'écarter tout ce qui pourrait faire naître des espérances exagérées ou des doutes inquiétants.

J'ai eu l'occasion de vous faire connaître le point de vue auquel le Gouvernement russe envisage actuellement le Sionisme. Ce point de vue peut, en effet, très facilement lui inspirer la nécessité de changer sa politique de tolérance contre des mesures dictées par la sauvegarde nationale. *Tant que le Sionisme consistait à vouloir créer un État indépendant en Palestine*, et promettait d'organiser l'émigration de Russie d'un certain nombre de ses sujets juifs, *le Gouvernement russe pouvait parfaitement lui être favorable.*

Mais du moment où ce but principal du Sionisme se

trouve être abandonné et remplacé par une simple propagande de concentration nationale juive en Russie, il est naturel que le Gouvernement ne puisse, dans aucun cas, tolérer cette nouvelle voie du Sionisme. Ce dernier n'aurait d'autre résultat que de créer des groupes d'individus parfaitement étrangers, et même hostiles aux sentiments patriotiques, qui font la force de chaque État.

Voilà pourquoi la confiance ne pourrait être rendue au Sionisme, qu'à la condition qu'il revienne à son ancien programme d'action. Il pourrait, dans ce cas, compter sur un appui moral et matériel, au jour où certaines de ses mesures pratiques serviraient à diminuer la population juive en Russie. Cet appui pourrait consister à protéger les mandataires sionistes près du Gouvernement ottoman, à faciliter l'action des sociétés d'émigration, et même à subvenir aux besoins de ces sociétés, évidemment en dehors des ressources de l'État, au moyen de contributions prélevées sur les Juifs. Je crois nécessaire d'ajouter que le Gouvernement russe, obligé de conformer sa manière d'agir dans la question juive aux intérêts de l'État, n'a néanmoins jamais dévié des grands principes de la morale et de l'humanité. Tout dernièrement encore, il vient d'élargir les droits de demeure dans les confins des localités destinées à la population juive, et rien n'empêche d'espérer que le développement de ces mesures servirait à améliorer les conditions d'existence des Juifs russes, surtout si l'émigration diminue leur nombre.

Veuillez agréer l'assurance de mes sentiments distingués.

DE PLEHVÉ

Le 3o juillet (12 août) 19o3.

Imp. JOUVE et Cⁱᵉ. 15, rue Racine, Paris, — 3141-16

MER MÉDITERRANÉE
ARABIE
Echelle
5 000 000
Légende